first word search

Fun First Words

illustrated by
Steve Harpster

STERLING

New York / London
www.sterlingpublishing.com/kids

Lot #:
10 9 8 7 6 5 4 3 2 1
09/10
Published by Sterling Publishing Co., Inc.
387 Park Avenue South, New York, NY 10016

© 2004 by Sterling Publishing Co., Inc.

Distributed in Canada by Sterling Publishing
c/o Canadian Manda Group, 165 Dufferin Street
Toronto, Ontario, Canada M6K 3H6
Distributed in Australia by Capricorn Link (Australia) Pty. Ltd.
P.O. Box 704, Windsor, NSW 2756, Australia

Manufactured in Canada
All rights reserved.

Sterling ISBN 978-1-4027-7807-0

For information about custom editions, special sales, premium and
corporate purchases, please contact Sterling Special Sales
Department at 800-805-5489 or specialsales@sterlingpublishing.com.

A Note to Parents:

Word search puzzles are both great teaching tools and lots of fun. After reading the word and spelling it out loud, have your child search for it in the grid. Then once it's found, have your child use the word in a sentence. This will help to reinforce vocabulary and grammatical skills.

Directions:

Each puzzle consists of a letter grid and a word list at the bottom of the grid. Each word can be found somewhere in the letter grid. The tricky part is that a word can appear reading forward, backward, up, down, or diagonally. There are many different ways to search for a word. A few hints: first look for words that go across; words that go down; or words with unusual letters in them, like Q, Z, X, or J. Once the word is found, draw a circle around it. It's also a good idea to cross out the words from the word list once they are found so that no time is wasted searching for the same word twice. Once all of the words are found, check in the answer section to see if they are right. That's all there is to it!

Good luck and have fun!

A Words

```
V  J  V  R  M  A  T  C  A
S  T  R  A  L  K  T  D  L
R  A  B  O  N  K  L  C  P
E  L  H  T  Z  G  A  J  H
V  A  E  M  N  I  E  C  A
O  S  L  K  S  A  N  L  B
B  K  P  A  F  C  W  V  E
A  A  P  A  C  O  R  N  T
L  L  A  V  V  M  N  T  Q
```

above	angel
acorn	ant
Alaska	apple
aloha	arts
Alphabet	Asia

Abracadabra

```
D O T S E R P K L
M C N W S L R K X
P P A D X T Q Y M
V N R D C M R R I
D A H I O D M E R
C X G P M V N T R
R A B B I T E S O
M T E R C E S Y R
F J C O I N S M S
```

cards   mystery
coins   presto
dove   rabbit
magic   secret
mirrors   wand

B Words

```
N  M  X  L  B  A  B  Y  B
O  R  B  T  K  N  O  L  P
O  C  H  I  O  N  N  P  K
B  D  Q  T  G  Y  G  M  M
A  T  T  T  P  L  O  K  J
B  U  B  B  V  L  S  Q  H
B  O  K  L  R  E  N  L  C
X  G  B  U  B  B  L  E  M
W  Q  C  E  D  R  I  B  C
```

baboon	blue
baby	bongos
belly	box
big	bubble
bird	button

Beach

```
J  B  P  J  Z  F  X  Y  F
L  F  I  S  Z  I  L  J  H
F  N  W  K  N  S  N  C  F
L  I  V  A  I  H  T  A  M
M  T  E  N  Y  N  N  S  D
C  C  N  G  P  V  I  T  N
O  C  O  I  D  A  R  L  A
Y  Z  B  R  E  E  Z  E  S
S  E  A  S  H  E  L  L  R
```

bikini
breeze
castle
fish
ocean

radio
sand
seashell
swim
tan

Birthday Party

```
P  R  E  S  E  N  T  S  P
K  G  C  K  W  Z  S  S  I
H  N  A  X  R  D  E  E  Z
T  C  Z  M  N  N  I  L  Z
M  M  H  E  E  C  D  D  A
T  N  I  S  L  S  O  N  P
J  R  J  O  I  T  O  A  X
F  N  W  R  W  W  G  C  R
S  N  O  O  L  L  A  B  B
```

balloons	games
cake	goodies
candles	pizza
clown	presents
friends	wish

C Words

```
L N R W Q K F C R
K L D U O L C H R
C C H E W Y X O F
R A U P T K R C C
A D Y T L V L O W
Y A Z W E E M L W
O N O Q M E R A J
N A C A T C R T J
S C C H I N A E Z
```

camel

Canada

chewy

China

chocolate

cloud

comet

cozy

crayons

cute

D Words

```
R G P E S D G X L
J V V M R N T D M
T I U O I R M O N
D R W C E G D C R
D S N S T O L T L
Y A S Q N D V O R
D E D E N M A R K
D R D O O D L E D
R E B M E C E D V
```

dancing
December
Denmark
dessert
dive

doctor
dog
doodle
drowsy
drums

E Words

G T L E E Q D D G

T P E M S F C T P

N Y L A L G H T M

A G E E S G G E Q

H E X V I E M E M

P W I E W P L T L

E R T L T P H M M

L F D Y K L F T D

E E A G L E P R F

eagle	eight
easel	elephant
eel	elf
eggs	empty
Egypt	exit

Eww! Bugs!

```
G R E E N F L N C
G R J S W L W Y R
L O Y T V K K D A
A A P C F C T E W
D C E E I L N L L
Y H E S C R I T Y
B E R N P V R E C
U S C I T N N E S
G R E D I P S B M
```

beetle	icky
crawly	insects
creepy	ladybug
flies	roaches
green	spider

F Words

```
E  X  B  B  R  O  V  A  F
F  L  F  W  R  M  X  F  F
A  N  D  O  K  W  A  E  F
D  F  G  D  X  M  A  T  R
I  A  R  B  I  T  M  Y  I
R  B  G  L  H  F  R  M  E
O  L  Y  E  M  R  Y  P  N
L  E  R  L  U  K  D  M  D
F  V  L  F  Z  F  L  I  P
```

fable	flip
family	Florida
favor	fox
feather	friend
fiddle	furry

G Words

M G H O S T Y L T
H R L Y P M U R G
G B N O F K G R G
G R I N B I S A L
K X Q Y G E N T O
X L W G P L E I S
R W L A X V E U S
J E R N L Q R G Y
R G E S E E G R K

geese   grapes
ghost   green
giggle   grin
globe   grumpy
glossy   guitar

Going to School

```
N  T  E  B  A  H  P  L  A
H  R  P  K  K  Y  S  S  F
M  W  L  L  Q  R  D  U  T
D  N  A  K  E  N  N  B
W  H  Y  S  E  M  S  A  L
C  Q  A  I  M  G  U  L  P
R  R  R  F  Q  Z  B  Y  K
E  F  P  E  N  C  I  L  S
R  L  E  A  R  N  I  N  G
```

alphabet
bus
chalk
erasers
friends

fun
learning
nap
pencils
play

Greasy Burgers

```
S  R  S  S  A  K  T  N  P
E  T  T  N  P  D  G  J  U
I  B  M  S  O  I  O  L  H
R  U  U  E  E  I  H  S  C
F  R  S  L  S  E  N  C  T
D  G  T  K  E  K  F  O  E
L  E  A  C  E  A  T  M  K
N  R  R  I  H  H  V  T  F
T  R  D  P  C  S  T  Z  G
```

burger	mustard
cheese	onions
chips	pickles
fries	shake
ketchup	soda

Great Gizmos

```
Y  R  E  T  U  P  M  O  C
E  N  A  M  C  S  I  D  J
B  B  P  A  C  C  Z  Z  B
U  Q  B  R  O  A  W  M  Q
C  L  B  R  I  N  D  V  D
E  R  C  L  D  N  F  C  C
M  V  Q  V  A  E  T  R  N
A  X  Q  W  R  R  T  E  D
G  F  E  T  O  M  E  R  R
```

cable	printer
computer	radio
Discman	remote
DVD	scanner
GameCube	VCR

H Words

```
T  Q  R  H  N  V  T  H  L
X  T  O  P  U  C  C  I  H
H  W  H  O  R  S  E  B  P
L  O  J  A  O  R  C  J  J
Y  T  L  P  T  T  M  H  Y
B  R  P  L  R  C  M  E  E
H  I  I  K  A  V  H  L  N
H  D  F  A  E  N  M  L  O
B  P  V  N  H  K  D  O  H
```

hairy	hippo
hatch	Holland
heart	honey
hello	horse
hiccup	howl

Halloween

```
V  X  L  R  T  C  T  W  R
C  G  S  A  X  R  R  I  G
A  C  C  P  E  Z  I  T  V
N  O  R  A  I  V  C  C  F
D  S  T  K  K  D  K  H  V
Y  T  S  C  R  E  E  P  Y
V  U  O  X  F  R  T  R  L
J  M  H  J  N  K  Q  K  S
C  E  G  Y  K  O  O  P  S
```

candy
cat
costume
creepy
ghost

spiders
spooky
treat
trick
witch

I Words

```
O H A D I C Y N R
I B R N N I R V M
T C D R K G Y B I
M I K H R L M L L
A N C Y O O H V E
J T V Z O O S C M
I D E A D G I X W
N G M T N M R M M
F G M G I M I Y R
```

ice	India
icky	indoor
Idaho	Irish
idea	itch
igloo	ivy

In My Room

```
S  R  E  T  S  O  P  P  J
K  V  L  V  O  Y  T  I  S
D  W  S  I  B  E  D  C  E
L  R  D  Y  S  Z  S  T  L
N  A  E  O  O  T  K  U  Z
R  B  L  S  L  T  O  R  Z
M  C  T  A  S  X  O  E  U
H  G  M  C  R  E  B  S  P
M  P  Z  V  L  H  R  T  T
```

bed	pictures
books	posters
closet	puzzles
dresser	radio
lamp	toys

J Words

```
X T K J O Y C H E
J X D J P Y J Y C
N L J M N I G D I
J N U U G Z R T U
J J W G P L Z N J
E Y L E G I A A P
L E P K C P T B J
L T R O A Z Z E N
Y N T J T E J L R
```

Japan   joke
jazz   joy
jelly   juice
jet   jump
jiggle   Jupiter

K Words

```
K  A  K  N  O  C  K  D  M
E  E  T  L  I  K  K  T  J
T  R  K  B  P  I  K  H  R
T  O  T  I  N  X  K  G  B
L  K  P  D  S  A  C  I  L
E  H  L  D  L  S  I  N  G
Y  Y  H  A  K  Y  K  K  K
L  E  O  K  K  R  T  V  T
H  K  K  B  G  W  M  T  Q
```

kettle	kiss
key	knight
kick	knock
kilt	koala
kindly	Korea

L Words

```
Y  S  G  N  U  L  E  G  B
H  D  R  P  J  F  X  L  M
L  Y  A  E  I  L  U  V  A
J  B  K  L  P  M  O  C  L
R  A  Y  V  P  K  D  O  N
L  L  K  Y  K  Q  L  K  P
O  L  L  I  T  T  L  E  R
V  U  X  Q  G  H  L  P  K
E  L  F  Z  L  T  T  F  V
```

lady
lake
lamb
life
little

loop
love
lullaby
lumpy
lungs

Languages

```
C  H  I  N  E  S  E  Q  H
M  W  K  M  S  H  M  S  L
N  E  E  W  E  C  I  C  K
A  R  E  N  N  N  X  G  A
I  B  R  J  A  E  C  E  R
L  E  G  P  P  R  H  R  A
A  H  S  L  A  F  F  M  B
T  C  W  K  J  K  R  A  I
I  R  U  S  S  I  A  N  C
```

Arabic	Hebrew
Chinese	Italian
French	Japanese
German	Russian
Greek	Spanish

Let's Play!

```
T  G  Y  K  N  I  L  S  S
M  S  T  R  O  F  Y  R  K
N  O  I  T  A  R  E  P  O
T  T  J  J  D  K  F  Y  E
A  H  Q  F  C  O  M  Q  U
G  C  H  E  S  S  L  H  L
R  Z  H  N  G  T  R  L  C
T  C  F  S  O  G  E  L  S
D  N  A  L  Y  D  N  A  C
```

Candyland
checkers
chess
Clue
dolls

forts
Legos
Operation
Slinky
tag

M Words

```
O  C  I  X  E  M  P  M  N
M  K  M  M  P  K  R  A  L
T  Y  M  O  F  N  Y  Z  T
K  N  O  W  R  H  F  E  C
R  L  M  M  S  N  G  V  M
E  H  I  U  L  T  I  A  H
N  M  M  M  X  F  R  N  Z
I  M  M  O  U  S  E  K  G
M  L  Y  T  H  G  I  M  J
```

Mars	mine
maze	mom
Mexico	morning
mighty	mouse
milk	mushy

Music

```
O  P  S  T  R  I  N  G  S
H  I  V  I  O  L  I  N  M
F  Y  D  J  O  P  M  E  T
M  L  N  A  F  S  P  V  N
Q  A  A  L  R  E  I  J  X
B  T  U  T  T  A  R  L
T  T  H  Z  S  O  N  M  K
E  K  M  D  K  N  O  N  H
D  C  R  S  H  A  R  P  S
```

banjo	radio
flats	sharps
flute	strings
notes	tempo
piano	violin

N Words

D T N O I S E P Y
R X D Z Y T T T F
E E Q N T M E Z N
B N N K O N L U O
M Y B U I R G W O
E T V N T G T M D
V T V A E P F H L
O R H T N J E G E
N F S E S R U N S

navy
Neptune
next
ninety
noise

noodles
north
November
nuggets
nurse

O Words

```
N O L R N O V A L
N R U E N Z M O N
H A L T Z A C M W
C N N T D T E N L
U G L O O K C L
O E L B G W O L O
N W E N J E T R X
O R D M K R R B J
N L N E V O H O T
```

ocean	ouch
October	outdoor
orange	oval
Oregon	oven
otter	owl

On the Farm

```
H G T Z B M Y W J
M Y O A Z G W R R
S F R A I P L M L
H N Q P T R N C N
E Y R O O S T E R
E T R A C T O R W
P Z P O L I S M O
C H I C K E N X C
R H O R S E S N R
```

barn
chicken
cow
goats
horses

pig
rooster
sheep
silo
tractor

P Words

```
E  E  R  P  R  I  N  C  E
L  Q  N  P  R  L  L  T  T
P  P  F  O  M  E  E  P  P
R  B  I  V  H  N  T  L  K
U  P  M  G  A  P  A  T  N
P  A  C  L  L  Y  K  N  Y
G  S  P  N  P  E  T  A  L
H  T  H  F  F  L  T  K  T
M  A  S  E  L  B  B  E  P
```

pasta   planet
pebbles   play
petal   pretty
phone   prince
piglet   purple

Pets

```
H A M S T E R B M
G E L T R U T O N
E T Y L X H U R N
R I P T I S S E M
B B P X E Z T I N
I B U L D T A Q F
L A P P I Q L R W
L R W K B Z M N D
K T O R R A P V L
```

fish	mouse
gerbil	parrot
hamster	puppy
kitten	rabbit
lizard	turtle

Pirates!

```
X  E  P  A  R  R  O  T  C
Q  D  R  O  W  S  L  X  Y
N  B  C  U  K  M  H  W  T
K  E  B  W  S  C  Z  C  O
N  A  Y  L  T  A  A  C  O
A  R  P  A  S  N  E  D  B
L  D  P  R  N  H  L  R  Z
P  M  K  O  N  O  I  L  T
K  F  N  F  G  Q  R  P  N
```

beard	patch
booty	plank
cannon	ship
gold	sword
parrot	treasure

Playground

```
H  O  P  S  C  O  T  C  H
K  P  W  S  N  T  T  M  S
I  B  A  L  H  Y  A  G  H
C  M  S  I  T  F  N  G  L
K  I  E  D  L  I  D  K  N
B  L  E  E  W  X  X  Q  G
A  C  S  S  L  A  U  G  H
L  S  A  N  D  B  O  X  M
L  E  A  P  F  R  O  G  J
```

climb   sandbox
hopscotch   seesaw
kickball   slide
laugh   swings
leapfrog   tag

Q Words

```
T  K  Q  T  L  I  U  Q  Q
E  L  H  U  E  N  K  G  U
I  Y  I  T  E  C  F  V  A
U  W  O  A  I  E  M  C  R
Q  H  K  U  U  Q  N  E  T
R  Q  Q  P  U  Q  L  B  E
K  K  Q  A  B  V  R  E  R
T  L  C  M  T  Z  I  U  Q
D  K  Q  U  E  S  T  Q  L
```

quack	quest
quail	quick
quarter	quiet
Quebec	quilt
queen	quiz

R Words

```
Z V H C X K Z R R
T H G I R D W E Q
Y O R I N G B E T
N E B P J B M R R
O L K O U O H O P
B D M R R R C B L
B D X T A K T I K
I I H R E I G N L
R R T T Y Y N W T
```

rain   robin
ribbon   robot
riddle   rocket
right   Rome
ring   rubber

S Words

```
S  Y  S  P  K  Z  D  Q  Y
S  O  J  E  L  R  S  P  L
H  E  A  P  I  W  A  E  L
I  R  T  K  I  R  L  H  I
N  A  W  N  E  K  O  H  S
E  H  G  L  R  D  J  T  B
T  S  K  A  T  I  N  G  S
L  R  P  Z  F  L  K  C  T
X  S  L  Y  L  L  E  M  S
```

share	smelly
shark	soaked
shine	sparkle
silly	stories
skating	swing

Senses

H R S E E Y R R H
T F L L L F A N T
O T E L D E B B A
O P E E H U I L S
M M W M L T O W T
S W N S T G W L E
Y B T E Z K D X H
N J R N P H V L V
N T H G I R B V L

bitter   see
bright   smell
feel   smelly
hear   smooth
loud   taste

40

T Words

K H R T L V T E G
R D T L C W D L T
Y U O I I P A K R
N R T N G Y O C E
T L S U A E T I E
X Y P D T K R T C
Z G O T E X A S V
R T Z L L F Z M R
R T E E W T X Z N

Texas	tree
tickle	troll
tiger	tutu
toad	tweet
today	twins

U Words

```
U N D E R W E A R
N F S U N A R U U
A K X D H K P U N
B M Q M A S C R I
R U C H T N O G V
U Y L A U C L E E
T E I T I M H N R
C R S N R R D T S
S L U U K A N Y E
```

ultra	Uranus
underwear	urban
unicorn	urgent
universe	use
upstairs	Utah

Under the Sea

```
B  L  R  T  S  S  D  D  S
S  M  K  M  E  S  I  O  L
F  H  A  V  A  E  A  L  L
N  L  A  I  K  L  M  P  E
C  W  L  R  T  A  R  H  H
X  O  K  K  K  H  E  I  S
R  K  Y  T  P  W  M  N  B
Y  Z  M  K  F  I  S  H  Q
K  X  E  D  I  T  K  C  D
```

clams
dolphin
fish
mermaid
sailor

shark
shells
tide
waves
whales

Universe

```
M  L  H  T  R  A  E  N  Q
Y  N  P  T  T  W  M  D  B
K  U  L  L  V  I  N  R  N
S  S  Q  N  A  S  B  O  K
S  C  X  N  A  N  O  R  N
T  N  N  T  G  M  E  D  O
A  J  U  J  W  T  M  T  M
R  R  C  M  E  T  E  O  R
N  P  L  U  T  O  Z  M  D
```

Earth   Pluto
meteor   Saturn
Moon   sky
orbit   star
planet   sun

V Words

```
J  R  Y  X  W  X  K  V  S
V  F  T  T  R  T  E  O  U
B  O  N  K  E  S  E  V  N
B  C  I  L  T  D  K  I  E
R  Z  O  C  I  E  R  L  V
E  I  C  V  E  P  S  L  L
V  F  A  L  L  I  N  A  V
G  L  V  O  W  E  L  G  V
G  C  M  X  M  K  Q  E  Y
```

vanilla	video
vase	village
Venus	violet
verb	voice
vest	vowel

W Words

```
W  L  G  H  T  A  E  R  W
O  W  I  G  G  L  E  W  V
R  W  L  S  B  C  W  L  E
D  D  O  H  M  R  D  K  L
S  J  S  B  I  R  D  N  F
F  I  L  N  B  C  O  I  F
W  H  K  B  T  L  X  W  A
X  L  T  L  W  V  E  Q  W
E  V  B  H  S  O  O  H  W
```

waffle	wobble
whoosh	words
wiggle	worms
wink	wreath
wish	wrinkle

Watching Sports

```
Y  H  P  O  R  T  R  L  N
B  A  S  E  B  A  L  L  R
Q  T  E  N  N  I  S  A  G
N  H  P  S  R  N  T  B  N
C  C  O  O  A  H  A  T  I
R  R  P  C  Y  Y  N  O  T
D  Y  K  C  K  D  D  O  A
M  S  Y  E  M  E  S  F  K
Z  X  N  R  X  R  Y  D  S
```

baseball   snacks
cheer   soccer
football   stands
hockey   tennis
skating   trophy

X Words

R K T L N B B E R
R P X J T R M N C
M G C T K Y Q O M
K R P C F T Y H N
H Q V N X A H P Y
K G W B R V M O M
L G Y X P R Z L G
N X B O X Z Y Y Y
M L T J Q R M X V

Xbox
X-ray
xylophone

Y Words

```
Y E S T E R D A Y
Y A R D M H W O J
R B N N H Z L T K
N Y B K P K Y R M
Z F E Y L M X U D
Y K N L M J G G L
E C N U L Z K O E
S Q Y A Y O J Y I
R A E Y Y R W L Y
```

yank	yesterday
yard	yield
year	yogurt
yellow	yolk
yes	yummy

49

Yikes! Monsters!

```
N  Q  Y  P  M  M  S  G  L
W  I  T  C  H  C  K  Y  W
C  Z  J  T  A  Y  P  N  P
Y  M  O  R  S  E  P  N  M
C  L  Y  M  E  O  I  L  U
L  U  W  R  B  L  H  B  M
O  O  C  K  B  I  H  G  M
P  H  R  O  X  C  E  T  Y
S  G  G  E  R  G  O  C  W
```

creepy | mummy
cyclops | ogre
ghost | scary
ghoul | witch
goblin | zombie

Z Words

H C O C D J Z L Z

K O Z I G Z A G O

Z P L X K L A R N

Z I P P E R R V E

F O P G N R B Z G

J L O I N N E T R

Y A H M Z R Z R D

R E P N O C N M J

X Z E I B M O Z V

zeal	zipper
zebra	zombie
zero	zone
zigzag	zoo
zip	zoom

Zoo Fun

```
Z  N  Q  O  N  I  H  R  E
F  I  M  N  E  K  V  F  J
Q  U  W  O  Q  K  F  R  T
K  G  Z  I  N  A  A  S  L
P  N  R  L  R  K  E  N  S
A  E  R  I  X  A  E  R  S
N  P  G  Y  L  N  A  Y  H
D  X  T  I  G  E  R  R  X
A  F  M  T  B  Q  G  R  L
```

bears
giraffe
lion
monkey
panda

penguin
rhino
tiger
seal
snake

A Words

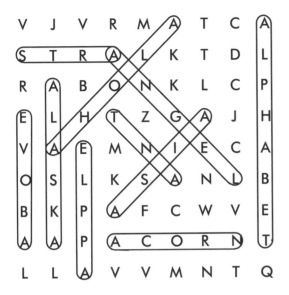

Abracadabra

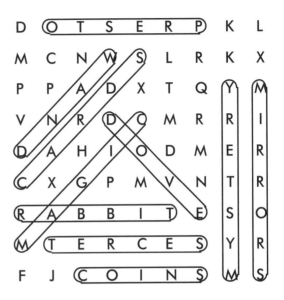

B Words

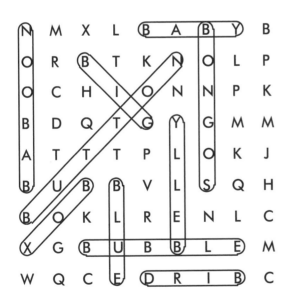

Beach

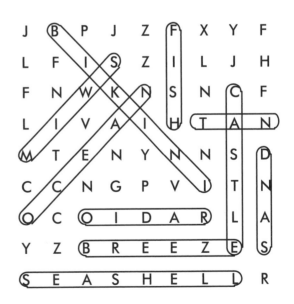

Birthday Party

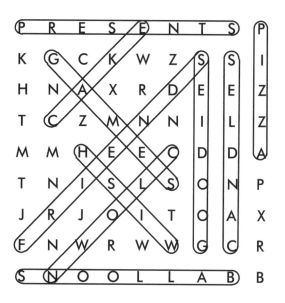

C Words

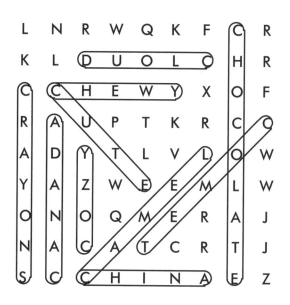

D Words

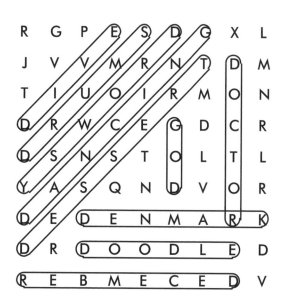

E Words

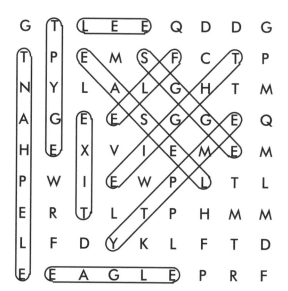

Eww! Bugs!

F Words

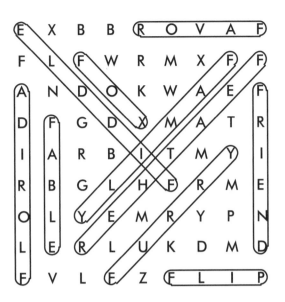

G Words

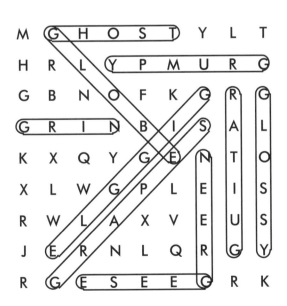

Going to School

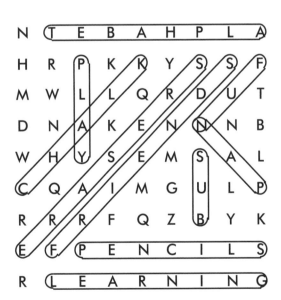

Greasy Burgers

Great Gizmos

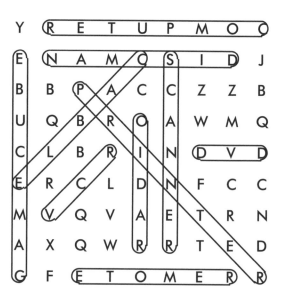

H Words

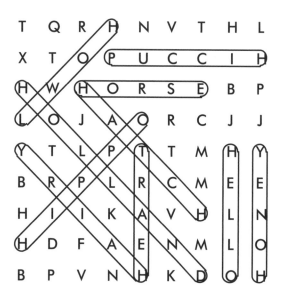

Halloween

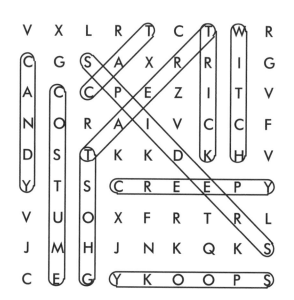

56

I Words

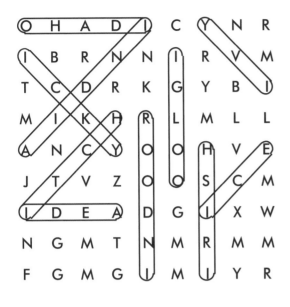

In My Room

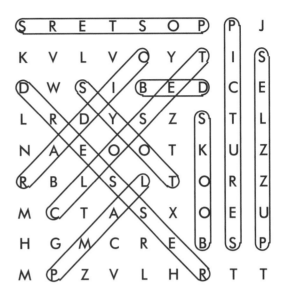

J Words

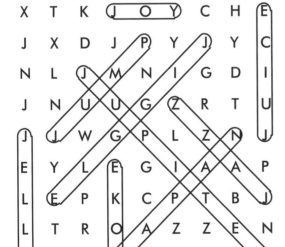

K Words

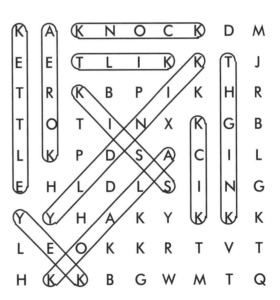

L Words

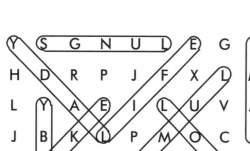

Y S G N U L E G B
H D R P J F X L M
L Y A E I L U V A
J B K L P M O C L
R A Y V P K D O N
L L K Y K Q L K P
O L L I T T L E R
V U X Q G H L P K
E L F Z L T T F V

Languages

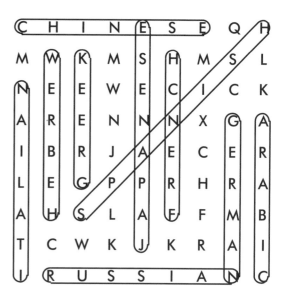

C H I N E S E Q H
M W K M S H M S L
N E E W E C I C K
A R E N N X K A
I B R J A E C R B
L E G P P R H R A
A H S L A R M B
T C W K J K R A I
I R U S S I A N C

Let's Play!

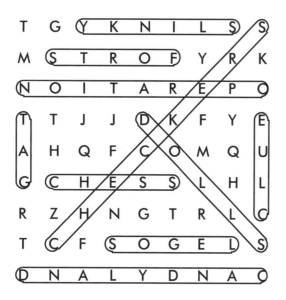

T G Y K N I L S S
M S T R O F Y R K
N O I T A R E P O
T T J J D K F Y E
A H Q F C O M Q U
G C H E S S L H L
R Z H N G T R L
T C F S O G E L S
D N A L Y D N A

M Words

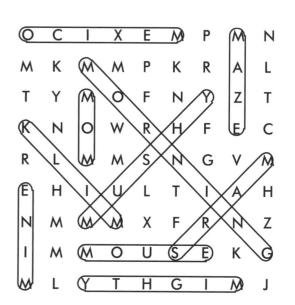

O C I X E M P M N
M K M M P K R A L
T Y M O F N Y Z T
K N O W R H F E C
R L M S N G V M
E H I U L T I A H
N M M X F R N Z
I M M O U S E K G
M L Y T H G I M J

58

Music

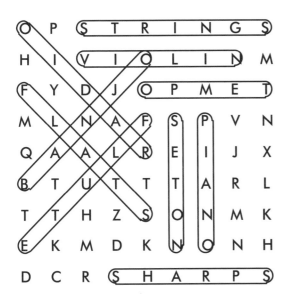

N Words

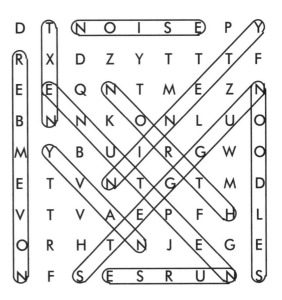

O Words

On the Farm

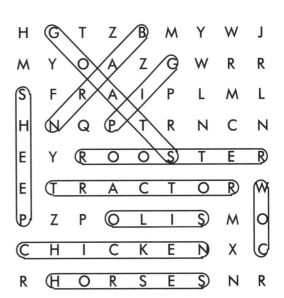

P Words

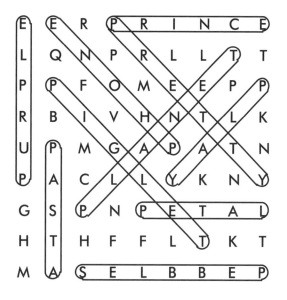

```
E  E  R  P  R  I  N  C  E
L  Q  N  P  R  L  L  T  T
P  P  F  O  M  E  E  P  P
R  B  I  V  H  N  T  L  K
U  P  M  G  A  P  A  T  N
P  A  C  L  L  Y  K  N  Y
G  S  P  N  P  E  T  A  L
H  T  H  F  F  L  T  K  T
M  A  S  E  L  B  B  E  P
```

Pets

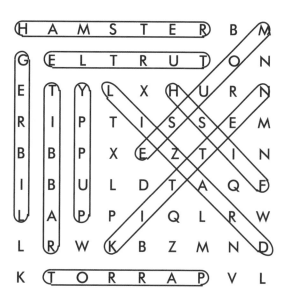

```
H  A  M  S  T  E  R  B  M
G  E  L  T  R  U  T  O  N
E  T  Y  L  X  H  U  R  N
R  I  P  T  I  S  S  E  M
B  B  P  X  E  Z  T  I  N
I  B  U  L  D  T  A  Q  F
A  P  P  I  Q  L  R  W
L  R  W  K  B  Z  M  N  D
K  T  O  R  R  A  P  V  L
```

Pirates!

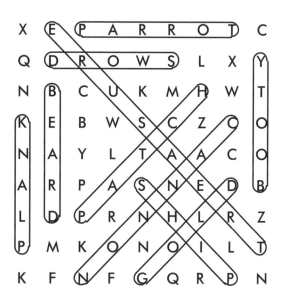

```
X  E  P  A  R  R  O  T  C
Q  D  R  O  W  S  L  X  Y
N  B  C  U  K  M  H  W  T
K  E  B  W  S  C  Z  O  O
N  A  Y  L  T  A  A  C  B
A  R  P  A  S  N  E  D  Z
L  D  P  R  N  H  L  R  Z
P  M  K  O  N  O  I  L  T
K  F  N  F  G  Q  R  P  N
```

Playground

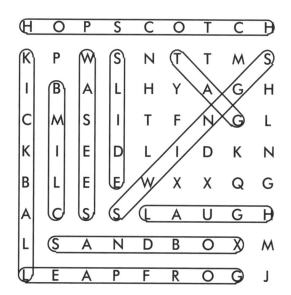

```
H  O  P  S  C  O  T  C  H
K  P  W  S  N  T  T  M  S
I  B  A  L  H  Y  A  G  H
C  M  S  I  T  F  N  G  L
K  I  E  D  L  I  D  K  N
B  L  E  W  X  X  Q  G
A  C  S  S  L  A  U  G  H
L  S  A  N  D  B  O  X  M
L  E  A  P  F  R  O  G  J
```

Q Words

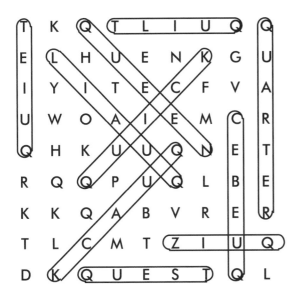

R Words

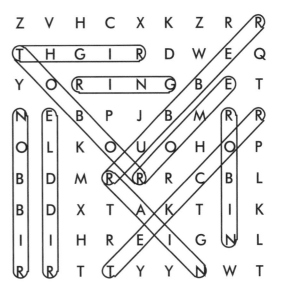

S Words

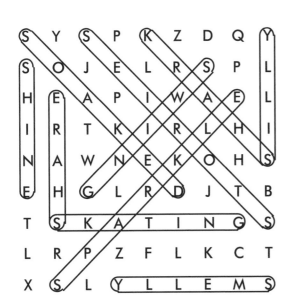

Senses

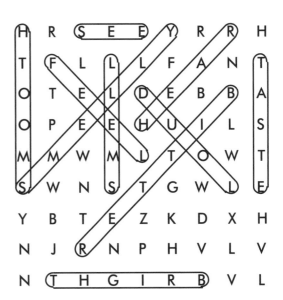

T Words

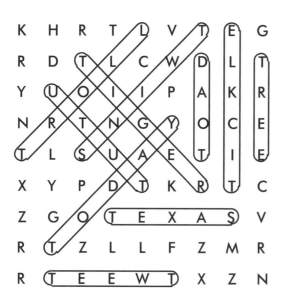

U Words

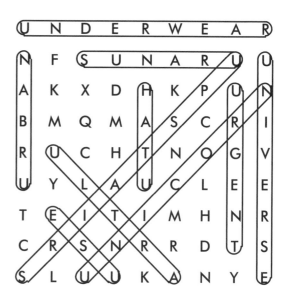

Under the Sea

Universe

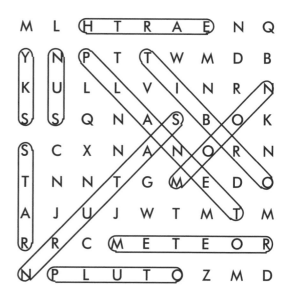

V Words

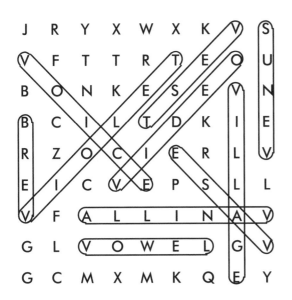

W Words

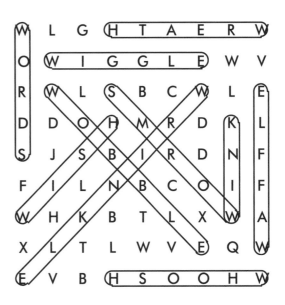

Watching Sports

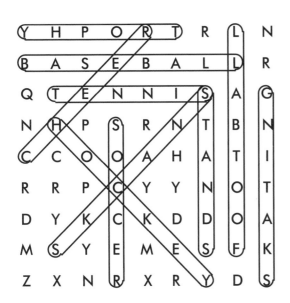

X Words

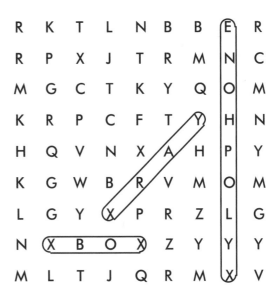

Y Words

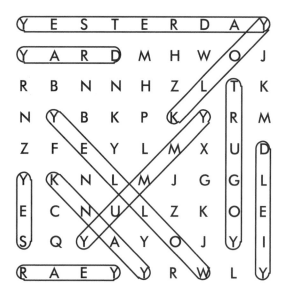

Yikes! Monsters!

Z Words

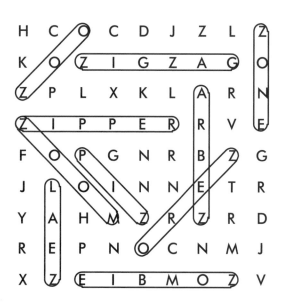

Zoo Fun